DARKLOVE.

CLARICE LISPECTOR: LA MIRADA EN EL JARDÍN
D.R. © 2020, Nuria Meléndendez Gámez / Daniela Tarazona Velutini
D.R. © 2020, Penguin Random House Grupo Editorial, S.A.
de C.V. (Mexico).

Tradução para a língua portuguesa
© Ayelén Medail, 2023

Diretor Editorial
Christiano Menezes

Diretor Comercial
Chico de Assis

Diretor de Mkt e Operações
Mike Ribera

Diretora de Estratégia Editorial
Raquel Moritz

Gerente Comercial
Fernando Madeira

Coordenadora de Supply Chain
Janaina Ferreira

Gerente de Marca
Arthur Moraes

Gerente Editorial
Marcia Heloisa

Editora
Nilsen Silva

Adap. de Capa e Proj. Gráfico
Retina 78

Coordenador de Arte
Eldon Oliveira

Coordenador de Diagramação
Sergio Chaves

Designer Assistente
Jefferson Cortinove

Finalização
Sandro Tagliamento

Preparação
Diana P. Gómez Mateus

Revisão
Retina Conteúdo

Impressão e Acabamento
Leograf

DADOS INTERNACIONAIS DE CATALOGAÇÃO NA PUBLICAÇÃO (CIP)
Jéssica de Oliveira Molinari - CRB-8/9852

Tarazona, Daniela
   O Jardim Onírico de Clarice Lispector / Daniela Tarazona ; tradução
de Ayelén Medail ; ilustrações de Nuria Meléndez. — Rio de Janeiro :
DarkSide Books, 2023.
   176 p. : il., color.

   ISBN: 978-65-5598-330-2
   Título original: Clarice Lispector: La Mirada en el Jardín

   1. Lispector, Clarice, 1925-1977 – Crítica e interpretação – Literatura
brasileira I. Título II. Medail, Ayelén III. Meléndez, Nuria

23-5478   CDD B869.939

Índices para catálogo sistemático:
1. Lispector, Clarice, 1925-1977 – Crítica e
interpretação – Literatura brasileira

DANIELA TARAZONA   NURIA MELÉNDEZ

o jardim onírico de

CLARICE

Lispector

Tradução
AYELÉN MEDAIL

DARKSIDE

Mas, sem saber por quê, estava um
pouco constrangida, um pouco perturbada.
Oh, nada de mais, apenas acontecia que
a beleza extrema incomodava."

Clarice Lispector,
"A imitação da rosa"

o jardim onírico de

CLARICE Lispector

SUMÁRIO

Nota introdutória

A VIDA DE CLARICE LISPECTOR não pode ser dissociada de sua obra. Sua natureza foi viver escrevendo. A trajetória de seus dias parece ter sido caracterizada por duas paixões: a discrição e o mistério. Embora existam excelentes biografias que revelam muitos aspectos, tais como *Clarice: uma vida que se conta*, de Nádia Battella Gotlib (que utilizamos como referência neste breve texto) ou também o trabalho de Laura Freixas em *Clarice Lispector*, assim como os artigos, notas e informações incluídas na edição crítica de Benedito Nunes sobre *A paixão segundo G.H.*, entre outros materiais, a vida de Clarice escapa das definições. Assim como sua escrita enfrentou aquilo que resistiu a ser preso pela palavra, a sua existência é irrepetível, difícil de descrever e continua a se expandir, como se ainda permanecesse viva.

Esse texto biográfico encontra inspiração na leitura das obras de Clarice e acha, em algumas delas, certos elementos simbólicos que compõem os breves capítulos. Trata-se de uma interpretação que sobrevoa as linhas com a intenção de mostrar inquietações sobre os mundos que ganharam vida nessas obras.

O trabalho aqui feito não teria sido possível se, naquele dia da distante década dos anos 1990, durante meus anos universitários, o professor Miguel Cossío Woodward, estudioso da autora, não tivesse mostrado o universo escorregadio e fascinante de Clarice em seu inclassificável livro *Água viva*.

Este trabalho a quatro mãos encontrou a beleza graças ao talento de Nuria Meléndez, autora das ilustrações. Tomara que possa, ainda que por alguns instantes, tratar-se de um passeio para rememorar as sensações daquele narrado por Clarice em "Amor", entre a imponência selvagem do Jardim Botânico do Rio de Janeiro. Porém, esse seu alucinante mundo só a ela pertence, e nos aproximamos dele com devoção e admiração.

I

AURORA

CLARICE LISPECTOR nasceu em Tchetchelnik, Ucrânia, em 10 de dezembro de 1920. Suas irmãs, Elisa e Tania, nasceram em diferentes lugares. Muito tempo depois, as três irmãs escrevem, cada uma a partir de seu próprio olhar.

Devido à situação política e aos conflitos advindos da Primeira Guerra Mundial e da Revolução Russa de 1917, seus pais, Pinkouss Lispector e Mania Krimgold, começaram uma viagem para o continente americano, lugar que haviam escolhido para o exílio. No início dessa longa jornada, nasceram as filhas. No mesmo ano em que Clarice nasceu, e após um percurso que provavelmente começou em Bucareste, Romênia, e acabou em Hamburgo, Alemanha, a família embarcou rumo à América e chegou ao porto de Maceió, Brasil, em março de 1922.

A figura de Clarice Lispector, no imaginário de sua época e mesmo cem anos depois de seu nascimento, encontra-se envolta num mistério aureolar. Ela era discreta sobre sua vida privada, apesar de representar, através de suas personagens, convulsões emocionais íntimas. Talvez esse desejo de escapar do olhar alheio, de esvair-se, poderia encontrar sentido na sua própria origem: a aldeia que não constava no mapa.

A autora disse, em alguma oportunidade, que ainda criança já fabulava e que, junto a uma amiga, narravam histórias em círculos — quando uma se atrapalhava, a outra continuava e assim sucessivamente —, "uma história que não acabava mais. Nunca".[1] Parece ser que seu primeiro texto foi uma peça de teatro de um ato, mas sua publicação em um jornal fora rejeitada. A escrita de Clarice guarda esse aspecto de coisa inacabada. Era uma mulher de regime noturno e suas indagações abrem, de forma ininterrupta, perguntas que não podem ser respondidas ou que assinalam um passado difícil de conhecer, como se sua origem estivesse banida de qualquer mapa, inidentificável.

No romance *A hora da estrela* (1977) é possível ler: "Mas antes da pré-história havia a pré-história da pré-história e havia o nunca e havia o sim".[2] E também diz ao início: "Tudo no mundo começou com um sim".[3] A origem, de vigorosa vontade, tem implícita a palavra "sim", ainda que não seja possível conhecer seus pormenores. Assim acontece, em grande parte, com o nascimento da autora, sua identidade estranha, até inclusive com a maneira que ela tinha de falar, por causa de um defeito de dicção produzido no frênulo de sua língua. Ela era ucraniana, mas na verdade brasileira, mesmo que ao falar alguns lhe atribuíssem origem francesa: "Tem uma palavra que eu não posso falar, senão todo mundo cai pra trás: Aurora".[4] Seu defeito de fala terá sido um dos motivos para ela se expressar mediante a escrita?

Depois Clarice morou em Recife, no Nordeste brasileiro, e foi ali que começaram os vislumbres de sua infância, presentes em vários de seus textos catalogados como autobiográficos.

Ela, através da construção de suas histórias — nas quais as mentes de suas personagens costumam sofrer epifanias —, deixou entrever, entre tantos outros achados e indagações, que a origem costuma ser incerta ou arbitrária, porém as marcas de nascença permanecem com o passar do tempo. Do porto alemão de Hamburgo até o porto brasileiro de Maceió, Clarice viajou em um navio a vapor chamado *Cuyab*á. Deve ter sido ali que ela percebeu as primeiras auroras impronunciáveis. Deve ter previsto que a pré-história existiu sempre antes da pré-história da pré-história. A aldeia que não constava nos mapas, seu lugar de nascimento e também o lugar de sua escrita, ficava para trás.

II

A imitação da rosa

Era uma vez uma menina, Clarice, a quem fora dado o nome de Haia, ou seja, Clara. Nasceu sob o signo de Sagitário, o que, em suas próprias palavras, lhe atribuiu uma metade animal. Ela cresceu com animais de estimação: um macaco, gatos e, em sua fase adulta, teve um cachorro chamado Ulisses. Sua primeira casa tinha a fachada pintada de cor-de-rosa, uma cor que "se desvanece no ar",[5] dizia. A menina tinha três primas de primeiro grau com o mesmo nome. A mãe de Clarice tinha uma doença crônica que a levou à morte quando a escritora tinha dez anos de idade.

A menina Clarice, Clara, Haia, gostava de roubar rosas dos jardins das casas. No conto "Cem anos de perdão", dentro do volume *Felicidade clandestina*, ela dá alguns detalhes sobre isso. Roubava rosas porque as achava lindas e as queria para si. A descoberta da beleza do mundo poderia haver estado naquelas carnudas pétalas das rosas.

O jardim de infância da menina estava povoado por animais como ela. Muito tempo mais tarde, escreveu um conto intitulado "Amor", incluído no livro *Laços de família*, no qual uma mulher que levava as compras enquanto viajava no bonde viu um homem cego mascando chiclete. "Um cego mascando chiclete mergulhara o mundo em obscura sofreguidão",[6] lê-se no conto. Depois, a mulher desce do bonde e entra, acidentalmente, no Jardim Botânico do Rio de Janeiro. Como um éden da infância, embora ampliado pelo olhar adulto, a uma certa distância daquela rosa roubada, a mulher se apavora diante da vida ali expandida. "O jardim era tão bonito que ela teve medo do Inferno."[7]

Quando criança, Clarice devia saber que a vida bruta — como a rosa no jardim da casa ou como o limiar atravessado para roubá-la — eram anúncios do conto que viria depois. E do seu fascínio por aquilo que emana palpites e, ao mesmo tempo, habita um ciclo perpétuo de putrefação e nascimento.

A moral do Jardim era outra. Agora que o cego a guiara até ele, estremecia nos primeiros passos de um mundo faiscante, sombrio, onde vitórias-régias boiavam monstruosas. As pequenas flores espalhadas na relva não lhe pareciam amarelas ou rosadas, mas cor de mau ouro e escarlates. A decomposição era profunda, perfumada.[8]

Das janelas daquela casa cor-de-rosa da infância e para o futuro, Clarice assistiu à nomeação do vivo. A criança que nos dias de escola abordou freneticamente um professor para saber quais eram as diferenças entre um homem e uma mulher, foi quem, mais adiante, encontrou a impaciência em uma personagem cega, guiando uma mulher rumo ao espaço natural em que acharia a vertigem, para, depois, voltar para casa e descansar da bondade ou da potência dos dias que, felizmente, acabam sem que o abismo da beleza nos consuma.

A vida é, parece haver dito Clarice, a somatória de incontáveis descobertas. Entre elas estavam a rosa e a impaciência dos animais, de si mesma, de Haia, para mostrar de que forma a majestosidade da pré-história permanece latente nos galhos das imensas árvores e nas rosas arrancadas de seus caules.

III

Perto do coração selvagem

A MENINA QUE FURTAVA ROSAS foi depois a adolescente que se imiscuía nos significados ocultos do ânimo de suas personagens e em suas relações afetivas. Talvez fizesse isso desde antes, porém já na sua primeira juventude, quando dá a conhecer seu primeiro conto intitulado "O triunfo", em 1940, a seus vinte anos, se interessa por mostrar os altos e baixos de uma relação conjugal. Alguns dos primeiros textos breves publicados pela autora, escritos entre seus 15 e 17 anos, foram incluídos no livro *A bela e a fera* (1979), e dão conta dos assuntos que a obcecariam ao longo de toda sua produção.

Desde criança, seu pensamento estava ocupado pela justiça, por isso decidiu estudar Direito. Por exemplo, no texto "Mineirinho", do livro *Para não esquecer*, Lispector se mostra extremamente comovida diante do caso de um criminoso morto nas mãos da polícia. E, no decorrer de sua obra, podem ser entrevistos traços de sua advocacia pelas causas justas e pelo equilíbrio da sociedade.

Com 17 anos, Lispector começa a escrever seu primeiro romance, *Perto do coração selvagem*. Ainda que rejeitado por alguns editores e só publicado em 1943 — mesmo ano em que se forma em Direito e se casa com Maury Gurgel Valente,[9] que será diplomata na Suíça, na Itália, na Inglaterra e nos Estado Unidos –, o romance mostra os assuntos e abordagens típicos da obra da autora: o relacionamento amoroso de sua protagonista Joana e as perguntas sobre a existência. De natureza fragmentária e sem abordagem linear do tempo, com uma tiragem de mil exemplares esgotados, o primeiro romance de Clarice dava pistas sobre o que estava por vir. Segundo declarou a autora, foi escrito a partir de anotações soltas, arranjadas por ela.

Qual poderia ser o emblema da primeira juventude de Lispector? Parece complexo de imaginar. No primeiro parágrafo de seu conto "O triunfo", a luz do sol invade um quarto como uma anunciação; no conto "Gertrudes pede um conselho" se lê: "A doutora sabia que se pode passar a vida inteira buscando qualquer coisa atrás da neblina, sabia também da perplexidade que traz o conhecimento de si própria e dos outros. Sabia que a beleza de descobrir a vida é pequena para quem procura principalmente a beleza nas coisas".[10] O olhar da autora sobre o mundo começa a ser revelado na sua juventude, trata-se do Grande Princípio, sua voz incomparável emergindo como um rio poderoso que passaria a ser o mar, sua fascinação.

Sua chegada ao Brasil ficou longe e a cidade do Rio de Janeiro já era seu lugar de residência. Começava a trabalhar como redatora no jornal *A Noite*. A vida era diferente. No tempo remoto, ainda que não no coração, ficava a morte de sua mãe.

Clarice observava o mundo através dos seus olhos de animal e estava perto de conhecer o homem com quem casaria. Mas antes disso, ela observava o mundo com seus olhos felinos ou extraterrestres ou superdotados e escrevia, no conto "História interrompida", o seguinte trecho:

> Estou casada e tenho um filho. Não lhe dei o nome de W... E não costumo olhar para trás: tenho em mente ainda o castigo que Deus deu à mulher de Loth. E só escrevi "isso" para ver se conseguia achar uma resposta a perguntas que me torturam, de quando em quando, perturbando minha paz: que sentido teve a passagem de W... pelo mundo? que sentido teve a minha dor? qual o fio que esses fatos a... "Eternidade. Vida. Mundo. Deus."?[11]

O matrimônio com Maury Gurgel Valente levou Clarice a viver em Berna, na Suíça, em Torquay, na Inglaterra, em Nápoles, na Itália e em Chevy Chase, perto de Washington, Estados Unidos. Teve dois filhos. Pedro, nascido em 1948, em Berna, e Paulo, nascido em Washington em 1953. Eles foram a motivação de seus livros infantis.

Muitos anos mais tarde, ela escreveu que dar a mão a alguém era o que esperava da alegria. Com visão inquestionável, a autora deu a mão a suas personagens, talvez para sentir aquela alegria, ao mesmo tempo que revelou, de forma inovadora, o fluxo de consciência nas obras que revelam aspectos agudos, e de altíssima compreensão, sobre a condição humana.

A advogada e escritora Clarice Lispector soube que a eternidade começava nos jardins e que a pré-história estava resguardada em cada uma das flores e na luz do sol que ingressa nos aposentos, e também soube que a escrita se aproximava do coração.

IV

A maçã no escuro

"Foi no dia seguinte que entrando em casa viu a maçã solta sobre a mesa. Era uma maçã vermelha, de casca lisa e resistente. Pegou a maçã com as duas mãos: era fresca e pesada. Colocou-a de novo sobre a mesa para vê-la como antes. E era como se visse a fotografia de uma maçã no espaço vazio."

*Uma aprendizagem ou
o livro dos prazeres*

A VIDA ADULTA, talvez, se revelou diante de Clarice com a potência da tentação e das trevas. Como se a vida prévia fosse um ensaio, com seu romance *Uma aprendizagem ou o livro dos prazeres* (1969), ela mergulha novamente no território amoroso. Nele, a maçã simboliza o ingresso ao Paraíso da aprendizagem, derivado do encontro das personagens. Loreley, a protagonista, se encontra com Ulisses.

A abstração da maçã, ao estilo de uma fotografia instantânea, detida no espaço vazio, é mordida por Loreley, iniciando, assim, um estado de graça. Algumas décadas antes, em 1946, Clarice escreveu uma carta para seu amigo Fernando Sabino na qual comenta sobre seu encontro com a Esfinge, no Egito. Diz que ficou impressionada e acrescenta: "Mando a fotografia — a fotografia é muito mais nítida e mais bela que o original; com a fotografia tem-se imediatamente uma sensação que diante da esfinge é mais lenta e mais difícil".[12] A autora manifesta nesta carta algo semelhante ao que se reflete no romance *Uma aprendizagem...*, com base na impossibilidade de compreender o enigma que a protagonista observa e experimenta, e aquilo que, consequentemente, ela narra. As frases de Clarice são de uma profundeza insondável; seu texto coloca dificuldades, dúvidas a respeito de universos superiores; é uma escrita--Esfinge que narra a vida por trás da câmera. Sua escrita enigmática ilude a rigidez e se liberta dos adjetivos para ser nomeada, novamente, uma e outra e outra vez.

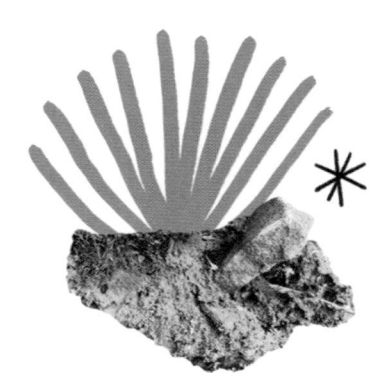

Além disso, o romance *A maçã no escuro* (1961) dá conta também de outros significados do fruto. A última linha desvela as condições de seu mistério: "E esse modo instável de pegar no escuro uma maçã — sem que ela caia".[13]

O ensino da experiência, marcado na personagem de Ulisses com Loreley, em *Uma aprendizagem ou o livro dos prazeres*, ou também a jornada heroica de Martim em *A maçã no escuro*, são amostras do interesse de Lispector em retratar os altos e baixos da vida interior e as formas raras em que se manifesta a condição humana. No entanto, essa forma de acontecer tende à fuga, ao escape. Quiçá por isso seja necessário nomear a maçã, atrair a simbologia do fruto proibido no qual é guardado aquilo inominável, escorregadio e feroz: o significado vivo.

"Você acha que eu ofendo a minha estrutura social com a minha enorme liberdade?", pergunta Loreley para Ulisses, já para o final do romance. A liberdade de ser quem ela era implicou na possibilidade de escrever escapando, com afinco, do entorno que buscava defini-la, sendo ela mesma a imagem instantânea de uma maçã no vazio: uma maçã na escuridão do texto. A palavra maçã — tentação em fuga —, vida indomável, é a palavra de Clarice.

V

A paixão segundo G.H.

OLGA BORELLI, amiga de Clarice, a definiu como

> uma dona de casa que escrevia romances e contos.
> Embora desempenhasse as funções de dona de casa
> admiravelmente — havia uma organização metó-
> dica nos afazeres domésticos que se repetiam na
> mesma sequência durante sete dias consecutivos —
> fatigava-se e impacientava-se por ter de exercê-los.[14]

No quinto romance de sua obra, uma mulher cujas iniciais são G.H., escultora e que faz parte da classe abastada do Rio de Janeiro, encontra uma barata dentro de um guarda-roupa, logo depois de que a empregada se demite. A partir desse fato, a protagonista reflete sobre si própria, até o ponto de desvendar traços de sua personalidade que a surpreendem.

A aparição da barata resulta em um processo de reconhecimento. "A lembrança de minha pobreza em criança, com percevejos, goteiras, baratas e ratos, era de como um meu passado pré-histórico, eu já havia vivido com os primeiros bichos da Terra",[15] afirmou Clarice em uma entrevista.

A descoberta implica em um mergulho da personagem nas zonas obscuras de sua personalidade, nos seus temores e fobias. A admiração diante da resistência destes insetos, pela sua longa presença na História e sua capacidade de sobrevivência, leva a protagonista a assumir a complexidade de sua existência através do repúdio que sente pelas baratas.

Como em outros livros de Lispector, descrever algumas aspectos da trama está longe de definir seus textos, sua linguagem. *A paixão segundo G.H.* é uma demonstração irrefutável da vocação da autora: dar lugar a sua forma particular de escrever, de observar o mundo, para destacar que o sentido do texto está imbrincado à forma na qual se apresenta. Ela indaga e, enquanto isso, escreve. Ou vice-versa.

A barata representa o motivo e seu simbolismo detém incontáveis poderes: quando a protagonista a vê e depois a mata, se enfrenta com o sentido mesmo da vida e suas múltiplas significações ou derivações. O inseto representa tudo o que foi e o que será depois, e até mesmo, o que ela poderia ser. Ao estilo de um reflexo poliédrico ultramagnificado e de consequências imprevisíveis, a barata dá lugar à seguinte reflexão:

> Toda uma vida de atenção — há quinze séculos eu não lutava, há quinze séculos eu não matava, há quinze séculos eu não morria — toda uma vida de atenção acuada reunia-se agora em mim e batia como um sino mudo cujas vibrações eu não precisava ouvir, eu as reconhecia. Como se pela primeira vez enfim eu estivesse ao nível da Natureza.[16]

Clarice inclina-se mais uma vez para a exuberante manifestação da vida natural, da animalidade, da participação naquilo que se encontra vivo e tem essas qualidades difíceis de capturar por meio da linguagem. A enunciação acerca da força do natural é, em si própria, algo que se extingue, uma palavra obsoleta, devido à sua incapacidade de nomear o que o inseto contém e que mostra aquilo que não poderia ser dito de uma única maneira, isto é, a vida em si. A Natureza diante dos olhos de G.H.

A escrita em Clarice aponta para o mistério e consegue fazer proliferar seus pontos cegos; enquanto escreve para tentar defini-lo, o enriquece, o alimenta de frases como gelatina quente, formulações que são como coágulos de sangue.

A paixão segundo G.H foi considerado um romance místico para formar parte de uma jornada que ilumina o caráter espiritual de toda sua obra. A busca de G.H., suas reflexões e estremecimentos de ânimo, parecem estabelecer um processo espiritual que, aos olhos da crítica, se assemelha aos escritos místicos do tipo confessional, comuns na tradição cristã.

É um romance escrito para ser deslido ou um romance que, enquanto é lido, vai se desescrevendo. Palavras dispostas à maneira de uma prece que se come a si mesma ou cuja origem é tão antiga quanto a barata, e tão essencial quanto chamar as coisas pelo nome, sabendo que as perderemos no exato momento em que estiverem sendo nomeadas. Para Clarice a escrita parece haver sido um exercício efervescente que encontra sentido quando é compreendido por outros, mas que perde suas revelações quando é dominado pelo pensamento. A barata indica a palavra necessária: o "sim" acontecido na origem de cada coisa, o único princípio e a especulação sobre a totalidade.

A barata não tem nariz. Olhei-a, com aquela sua boca e seus olhos: parecia uma mulata à morte. Mas os olhos eram radiosos e negros. Olhos de noiva. Cada olho em si mesmo parecia uma barata. O olho franjado, escuro, vivo e desempoeirado. E o outro olho igual. Duas baratas incrustadas na barata, e cada olho reproduzia a barata inteira.[17]

VI
Só para mulheres

"Prenda os cabelos, desnudando a nuca. Molhe um pano em água bem fria, torça-o e aplique-o na nuca. Renove várias vezes a compressa. Você se sentirá, imediatamente, mais disposta. Nunca reparou que os lutadores de boxe, entre um round e outro, são submetidos a esse rápido tratamento? Pois, antes de enfrentar novas lutas, use o mesmo tônico." "Rosto novo em alguns instantes (Truque de lutador de boxe)", Clarice Lispector, pseudônimo Ilka Soares, 29 de agosto de 1960.

CLARICE ESCREVEU CONSELHOS para mulheres usando três pseudônimos: Tereza Quadros, Helen Palmer e Ilka Soares; neste último caso, a autora foi *ghost writer* da atriz do mesmo nome. As publicações aconteceram em três jornais diferentes nas décadas de 1950 e 1960. Tratava-se de dicas de beleza, de comportamento; receitas de cozinha; dicas para aliviar os olhos cansados, para limpar as mãos manchadas pelos afazeres diários; misturas para amaciar os cabelos e revitalizar a pele do rosto; observações sobre moda e elegância, sempre em favor da simplicidade, *et cetera*.

A coluna assinada pela atriz Ilka Soares intitula-va-se "Só para mulheres" e era publicada, diariamente, no jornal *Diário da Noite*. A colaboração durou um ano, entre 1960 e 1961. Helen Palmer publicou no *Correio da Manhã*, entre agosto de 1959 e fevereiro de 1961. Tereza Quadros foi o primeiro pseudônimo utilizado por Clarice no jornal *Comício*, em 1952. Essas vozes por trás dos pseudônimos buscaram reconhecer as qualidades da feminilidade na época, juntamente com observações a respeito do lugar da mulher de classe média profissional ou dona de casa. Em seus textos jornalísticos, a autora revelava pontos de vista que podiam ser encontrados na construção psicológica de suas múltiplas protagonistas. Assim, essas colaborações complementam a visão integral acerca das considerações de Clarice sobre o gênero feminino.

Contrária aos ideais de beleza padronizados pela
mídia (ou pelas figuras emblemáticas do cinema,
como Marilyn Monroe e Sofia Loren) Clarice, es-
condida por trás desses nomes, convidava às leitoras a reconhecerem a beleza considerada única.
Da mesma forma, a autora ia além dos paradigmas
da moda, para dar conta da necessidade de fazer
da roupa um estilo próprio.

Na sua biblioteca pessoal, era possível encontrar livros de autoajuda e títulos como *Housekeeping Made Simple* e *Personal Beauty and Charm*, da coleção Homemaker's Encyclopedia, ou também *Saúde e vida longa pela boa alimentação*, do dr. Lester M. Morrison. Clarice realmente se interessava por esses assuntos e, talvez por isso, suas colaborações para mulheres foram tão bem-sucedidas. Da mesma forma que o mistério escava nas frases de Clarice e preserva, como um animal feroz, o significado oculto de cada coisa, os conselhos publicados pela imprensa e, anos mais tarde, compilados no livro *Correio feminino* ou em *Só para mulheres* (organização de Aparecida Maria Nunes),[18] mostram que a identidade feminina está repleta de segredos; que não há uma única receita que as mulheres possam usar para serem bonitas, cozinhar bem ou educar os filhos; senão que cada uma delas tem que encontrar a forma de desvelar suas habilidades pessoais. Com um certo tom amoroso, Lispector-Palmer-Quadros-Soares fala com bastante proximidade a suas leitoras, com a esperança de conseguir que suas palavras sejam úteis diante da demanda que a sociedade exerce sobre as mulheres.

E a respeito de G.H., sua personagem, Clarice inclui nos conselhos uma "Receita de assassinato (de baratas)", no qual deve se deixar uma mistura de açúcar, farinha e gesso, que logo elas comerão e o gesso endurecerá dentro dos insetos, causando sua morte: "Na manhã seguinte, dezenas de baratas duras enfeitarão como estátuas a sua cozinha, madame."[19] (Ilka Soares).

Para acrescentar curiosidade, a autora explica, sob o pseudônimo de Helen Palmer, o uso benéfico do sangue da carne:

> Quando quiser conservar a carne no congelador, deixe-a primeiro um dia na geladeira para escorrer uma parte do sangue. Assim, ela ficará mais macia e "descansada". E aproveite a água de sangue para regar a sua planta predileta. Nada melhor para as plantas, sobretudo as de folhagens.[20]

VII

Imprevisto

NA PRIMAVERA DE 1965, Clarice Lispector muda-se para um apartamento no bairro do Leme, no Rio de Janeiro, localizado na rua Gustavo Sampaio, com o número 88, apartamento 701. Um ano depois, na madrugada do dia 14 de setembro, ocorreu um evento trágico: um incêndio no seu apartamento. Aparentemente, a escritora adormeceu com um cigarro aceso. Aproxima-se do seu escritório e tenta apagar o fogo com as mãos, sofrendo várias queimaduras graves. Sua mão direita, com a qual escrevia, fora seriamente afetada. Durante os primeiros dias, a escritora se debateu entre a vida e a morte, passando por várias cirurgias nas quais retiraram enxertos de suas pernas. Permaneceu três meses sem andar, até superar a situação e começar a se recuperar.

O acidente abalou o ânimo da autora visivelmente. Ela segue adiante, mas sua mão direita permanece com problemas. Tem dificuldade para escrever com ela e ainda no último vídeo em que aparece sendo entrevistada, onze anos mais tarde, em 1977, é possível observar a crispação nos dedos, tortos por conta do terrível acidente. Lispector comentou: "E já iam me cortar a mão, com medo da gangrena. Aí uma irmã minha pediu para que esperassem mais um dia. E esse dia me salvou a mão. De repente a vitalidade voltou e refez o estrago."[21]

Em 1970 conhece Olga Borelli, que será sua amiga e colaboradora. Ela descrevia a mão esquerda de Clarice como "um milagre de elegância", que supria os movimentos que a outra mão não conseguia mais fazer. Borelli ainda menciona que a letra da autora era quase ilegível, embora usasse ambas as mãos para datilografar. Borelli a acompanhou ao longo dos anos.

O encontro entre as duas representou um acontecimento, a vida de ambas mudou a partir daquele dia. No dia depois de conhecê-la — em um encontro solicitado por Olga para conseguir um autógrafo no livro da escritora —, Clarice escreveu uma carta para ela dizendo o seguinte:

> Olga, datilografo esta carta porque minha letra anda péssima. […] Tenho problemas reais gravíssimos que depois lhe contarei. E outros problemas, esses de personalidade. […] Precisamos conversar. Acontece que eu achava que nada mais tinha jeito. Então vi um anúncio de uma água de colônia da Coty, chamada Imprevisto. O perfume é barato. Mas me serviu para me lembrar que o inesperado bom também acontece. E sempre que estou desanimada, ponho em mim o Imprevisto. Me dá sorte. Você, por exemplo, não era prevista. E eu imprevistamente aceitei a tarde de autógrafos.[22]

VIII

O ovo
E A GALINHA

EM AGOSTO DE 1975, Clarice viajou para Bogotá, Colômbia, para participar de um congresso de bruxaria: o First World Congress of Sorcery. Dele participaram ritos do Haiti, do Brasil, da Venezuela e da Colômbia, além de contar, entre muitos outros, com a presença de Uri Geller, famoso no Brasil e em outros países do continente por seus poderes mentais e sobrenaturais. A escritora, por não se considerar bruxa, decidiu levar o texto "O ovo e a galinha", traduzido para o inglês, e pediu para que o lesse um homem estadunidense que estava presente. E acrescentou a esse peculiar relato uma introdução: "Eu tenho pouco a dizer sobre magia. Na verdade, eu acho que nosso contato com o sobrenatural deve ser feito em silêncio e numa profunda meditação solitária."[23] Posteriormente, expôs algumas ideias sobre a inspiração artística.

Clarice observava o mundo que a circundava com olhos enfeitiçados. Achava avisos ou mensagens em seu cotidiano que interpretava de forma bem peculiar. Isso é evidente em muitas de suas histórias, nas formulações sobrenaturais ou mágicas que suas personagens apresentam. Também era assídua às leituras de tarô de uma mulher chamada Nair.

O relato inusitado "O ovo e a galinha", mais próximo de um ensaio filosófico do que de um conto, estipula adivinhações sobre a simbologia do ovo e de sua mãe, a galinha. Faz parte do livro *Felicidade clandestina* e apresenta observações sobre o mistério oculto no ovo e a responsabilidade sagrada de sua criadora na Terra. Clarice escolheu esse relato para o congresso de bruxaria pois, segundo ela própria afirmou, não compreendia muito bem do que se tratava.

À fim de sermos fiéis à autora, e devido à dificuldade intrínseca do texto e a sua extrema particularidade, preferimos reproduzir aqui um trecho:

A galinha sofre de um mal desconhecido. O mal desconhecido é o ovo. Ela não sabe se explicar: "Sei que o erro está em mim mesma", ela chama de erro a vida, "não sei mais o que sinto", *et cetera*.

"Etc., etc., etc.", é o que cacareja o dia inteiro a galinha. A galinha tem muita vida interior. Para falar a verdade, a galinha só tem mesmo é vida interior. A nossa visão de sua vida interior é o que chamamos de "galinha". A vida interior na galinha consiste em agir como se entendesse. Qualquer ameaça e ela grita em escândalo feito uma doida. Tudo isso para que o ovo não se quebre dentro dela. Ovo que se quebra dentro de galinha é como sangue.

A galinha olha o horizonte. Como se da linha do horizonte é que viesse vindo um ovo. Fora de ser um meio de transporte para o ovo, a galinha é tonta, desocupada e míope.

Como poderia a galinha se entender se ela é a contradição de um ovo? O ovo ainda é o mesmo que se originou na Macedônia. A galinha é sempre tragédia mais moderna. Está sempre inutilmente a par. E continua sendo redesenhada. Ainda não se achou a forma mais adequada para uma galinha. Enquanto meu vizinho atende ao telefone ele redesenha com lápis distraído a galinha. Mas para a galinha não há jeito: está na sua condição não servir a si própria. Sendo, porém, o seu destino mais importante que ela, e sendo o seu destino o ovo, a sua vida pessoal não nos interessa.

Dentro de si a galinha não reconhece o ovo, mas fora de si também não o reconhece. Quando a galinha vê o ovo pensa que está lidando com uma coisa impossível. É com o coração batendo, com o coração batendo tanto, ela não o reconhece.[24]

Nas palavras da autora, a maioria dos presentes não entendeu o que havia sido lido. De acordo com Battella Gotlib, ela mesma e Olga Borelli, sua parceira de viagem, apreciaram muito a comida servida no hotel. A viagem para o congresso foi apenas um passeio para Clarice.

IX

FLOR-DE-LIS

EM 1977, CLARICE concedeu a Júlio Lerner sua única entrevista filmada, que também foi a última; alguns meses mais tarde, ela viria a falecer. Nessa entrevista, Clarice confessa estar um pouco cansada e triste. Faleceu em 9 de dezembro, um dia antes de seu aniversário. A entrevista aconteceu no mês de maio.

A autora disse que não era uma escritora profissional e que não devia a outros o ato de escrever, apenas a si mesma. Por isso ela evitava entrevistas e tudo aquilo que costuma circundar os escritores. Ela afirmava se deixar ser, inclusive apesar de si mesma.

Revelou também que sua irmã, Tania Kaufmann, escrevia livros técnicos, como *A aventura de ser dona de casa* (1975) e *A idade de cada um. Vida plena na velhice* (1985). No entanto, Elisa, sua outra irmã, também escrevia romances e contos, como *No exílio* (1948) e *O tigre de bengala* (1985). Lispector contou, com certa surpresa, que recentemente descobrira que sua mãe também escrevia.

Está sentada em uma poltrona de cor café e, enquanto é entrevistada, fuma com sua mão direita machucada. Muitas das respostas que ela dá são ditas pela primeira vez. Lerner, sério e persistente, tenta deixar Lispector à vontade, mas ela não está. Só por alguns instantes, seu olhar suaviza e suas palavras fluem livres. Na maioria das respostas, a autora reflete antes de falar, como se estivesse realizando um ato que resiste ao passar do tempo. E assim foi. A entrevista completa está disponível no YouTube.[25]

Ela fala de dois textos seus que ainda lhe provocam inquietações: "O ovo e a galinha", por conta de seu mistério permanente, como já mencionamos, e "Mineirinho", pois afirma: "Eu me transformei no Mineirinho, massacrado pela polícia". Com uma atitude ranzinza, a escritora, por momentos, se assume incapaz de mudar o mundo: "Eu escrevo sem esperança de que o que escrevo altere qualquer coisa"; logo acrescenta: "suponho que me entender não é uma questão de inteligência e sim de sentir."

No início da entrevista, Lispector diz que perguntou a seu pai sobre sua ascendência e que ele respondeu que na Ucrânia existiam gerações e gerações de pessoas com esse sobrenome. "Lis no peito", diz Clarice. A flor-de-Lis no peito.

A flor-de-Lis ou Lírio, com atributos de realeza, também é símbolo da geração e conta com qualidades lunares e femininas.

Após a última pergunta de Lerner, Clarice introduz os dedos de sua mão esquerda no maço de cigarros, porém já tinham acabado.

X

O DIREITO AO GRITO

Vejo a nordestina se olhando ao espelho e — um rufar de tambor —
no espelho aparece o meu rosto
cansado e barbudo.
A hora da estrela

O ÚLTIMO ROMANCE de Clarice, *A hora da estrela*, foi publicado meses antes de seu falecimento. Macabéa, que tinha os ovários murchos, acompanhou a escritora nos tempos próximos a sua morte. A história centra-se no cotidiano da nordestina Macabéa como exemplo da vida na grande cidade para as pessoas vindas das regiões mais miseráveis do país na época, e também é motivo da rememoração dos anos de infância da autora. A nordestina se mudou para o Rio de Janeiro. Envolvida pelas palavras de Rodrigo S.M. — o narrador em quem a autora se disfarça para não derramar lágrimas diante de seus aspectos trágicos –, a história da protagonista, que carece de qualidades positivas, revela a dificuldade de escrever ou de escrever em agonia.

A nordestina é datilógrafa e, em geral, encontra dificuldades para fazer suas atividades de forma limpa. A escrita é também difícil para ela, e apresenta aspectos performáticos quando é enunciada como um texto que acontece no momento de ser lido. Rodrigo S.M., narrador e personagem, vai descobrindo a si mesmo enquanto conta o que está acontecendo. Desta forma, o romance mostra a jornada interna do escritor perante o ato que o define.

A hora da estrela acontece quando morre a protagonista. Prisioneira pelas palavras de uma cartomante, Macabéa encontra o que não imaginava. A sorte não é o que parecia ser. O momento da morte é o instante em que cada pessoa se transforma em uma estrela de cinema, é o que lemos. Quando ela é atropelada, surge um símbolo presente na escrita lispectoriana: o cavalo. "E neste mesmo instante em algum único lugar do mundo um cavalo como resposta empinou-se em gargalhada de relincho."[26]

O conflito social dos mais miseráveis e a representa-ção da pobreza são mostrados, neste romance, do ponto de vista de um narrador que vai existindo conforme escreve. Por essa razão o texto é uma dissertação e está baseado na composição interna da protagonista, em seus palpites, na forma espon-tânea pela qual observa o mundo que a circunda, com o fim de dar origem ao tom testemunhal e recuperar a existência problemática de Macabéa. As dificuldades que o narrador Rodrigo S.M en-frenta, e às quais de maneira velada adere a au-tora, se fundamentam na dificuldade de narrar uma história sobre a miséria sem ornamentá-la. A miséria, tal como ela é, deve ser transferida ao próprio texto. Caso contrário, o escritor estaria desdenhando a essência de sua personagem. O des-dobramento de Clarice em Rodrigo S.M, e deste último em Macabéa, dá ao romance um jogo de espelhos que permite, de forma surpreendente, que as três identidades troquem de sentido e se mostrem como uma só.

XI

MORTE E ANIVERSÁRIO

CLARICE LISPECTOR FALECEU em 9 de dezembro de 1977, meses depois da publicação de *A hora da estrela*, e um dia antes de seu aniversário. Nádia Battella Gotlib relata que a autora desconhecia o avanço da doença que a levou à morte, ou bem, que desconfiava do que lhe disseram acerca da mesma. Após retornar de uma viagem pela Europa — que acabou sendo de uma semana ainda que tivesse sido planejada para um mês –, perto do inverno, no início de novembro, Lispector foi internada e passou pela agonia que a levaria à morte. Faleceu pela manhã.

Laura Freixas, escritora espanhola, assinala que a morte de Clarice aconteceu enquanto a sua mão era segurada pela autora brasileira Nélida Piñón, que foi descrita por Lispector como alguém que "Parece ter o destino traçado por si mesma".[27] No epitáfio do seu túmulo, no Cemitério Comunal Israelita do Caju, pode ser lido: "Dar a mão a alguém sempre foi o que esperei da alegria",[28] uma frase de seu romance *A paixão segundo G.H.* Battella Gotlib conta ainda uma anedota referida por Olga Borelli: Clarice teve uma hemorragia muito forte, quis sair do quarto do hospital e, quando ia em direção à porta, foi detida pela enfermeira. A autora protestou: "Você matou minha personagem!".[29]

Como se tivesse intuído que a morte se aproximava, tanto em seu último romance publicado em vida, *A hora da estrela*, como em outro escrito na mesma época, *Um sopro de vida* (póstumo), deixa entrever uma certa inquietação diante da certeza ou da proximidade de se encontrar numa trilha sem saída: um círculo.

Em uma entrevista concedida pela autora em 1976, Clarice relembra que escondia seus primeiros textos no fundo da estante, pois sentia vergonha de escrever. Comenta que escrevia sem planejar e que, enquanto o fazia, o caminho da história e suas personagens iam se rebelando. Por isso, quando soube que a protagonista de *A paixão segundo G.H.* teria que comer o interior de uma barata, ela estremeceu-se de pavor.[30]

O vínculo entre a experiência de vida e a expressão da escrita, estabelecido por Clarice, foi especialmente profundo. Ela, que dizia estar morta quando não escrevia, também encontrava no ofício os atributos de uma maldição. Sua liberdade, afirmava, seria não escrever.

Os romances, contos, crônicas, depoimentos, relatos infantis ou ensaios que escreveu ao longo de seus 56 anos de vida são a generosa herança que deixou para seus leitores. Ela apenas escrevia quando assim queria. A escrita era natural nela, tanto quanto respirar. Era por isso que escrever se tornava um ato sagrado.

Um dia antes de seu aniversário, Clarice faleceu. Ao que parece, esse final é o mais adequado para sua própria vida: o nascimento e a morte se encontrando. Porque no início ela costumava dar pistas sobre a morte, porque na morte da estrela escuta-se o relinchar do cavalo e é um mistério, porque Clarice abriu seus olhos de animal para deixá-los ver Além. Nesse lugar ela se encontra e é uma estrela que acende no céu.

Epílogo

A vida de Clarice Lispector é um exemplo em virtude da correspondência entre o ato de escrever e a vontade de viver. Ela desdobrou em suas personagens as constantes descobertas que atravessavam sua experiência. Imaginamos um dia comum na vida de Clarice composto pela soma de várias revelações. Talvez por isso seu método de escrita consistia em fazer anotações de tempos em tempos, para depois transpô-las à página e lhes dar uma organização. A autora anotava suas descobertas e partia delas, eram portas imensas que lhe permitiam adentrar em novos mundos. Escrevia o que vinha à mente em qualquer material que tivesse à mão: um pedaço de papel, um guardanapo... e depois erguia universos a partir desses trechos primordiais.

Seu labor era árduo, porque os motivos que a conduziam a escrever estavam no coração dos mistérios, na busca de respostas, na insólita condição da existência humana, animal e cósmica. O olhar de Clarice era de longo alcance, ainda que muitas vezes fosse turvo por não conseguir enunciar seus desejos. A Verdade dos fatos, como em geral acontece, era oculta. Clarice escrevia potentemente sobre a impossibilidade de se arraigar à vida palpitante. Enquanto andava pelas veredas da dúvida ou dos enigmas, ela ia descobrindo a si mesma, muitas vezes de formas distintas às que imaginava. Seu exercício de escrita foi vital. Incluso nos textos publicados sob pseudônimos, a autora procurava indagar sobre si mesma e os outros.

Por essa razão, no seu primeiro romance ela desvenda uma das principais motivações de sua escrita: que a existência escapa, pois a verdadeira inteligência seria não compreender a vida, diz Joana, protagonista de *Perto do coração selvagem*.

Clarice escreveu desde o "sim" anterior à pré-história para se dirigir aos acúmulos de negações que lhe deram como resposta à afirmação primeira: a vida apenas pode ser compreendida na angústia milenar de existir e ser, de forma simultânea, animais erráticos que se desconhecem uma e outra vez diante do espelho, e criaturas espirituosas que fabulam acerca de outros modos possíveis de observar o mundo, sujeitos à pergunta que carece de resposta: quem sou eu?

1920	Nasce em 10 de dezembro, em Tchetchelnik, Ucrânia.
1922	Chega a Maceió, Brasil.
1924	Muda-se para o Recife.
1930	Morte da sua mãe.
1934	Muda-se para o Rio de Janeiro.
1940	Morte do seu pai. Publica os primeiros contos em revistas.
1941	Começa seus estudos na Faculdade Nacional de Direito no Rio de Janeiro. É redatora da Agência Nacional do Departamento de Imprensa e Propaganda (dip), do governo de Getúlio Vargas.
1942	Trabalha como repórter no jornal *A Noite*.
1943	Publica seu primeiro romance, *Perto do coração selvagem*. Gradua-se em Direito e se casa, em 23 de janeiro, com Maury Gurgel Valente.
1944	Muda-se para o Nápoles, Itália, em agosto.
1946	Em abril, muda-se para Berna, na Suíça. Publica o romance *O lustre*.
1948	Nasce Pedro, seu primeiro filho, em Berna.
1949	Retorna para o Rio de Janeiro em junho. Publica o romance *Cidade sitiada*.
1950	Muda-se para Torquay, no sul da Inglaterra.
1952	Muda-se para Washington, D.C., nos Estados Unidos. Publica *Alguns contos*.
1953	Nasce Paulo, seu segundo filho.

1959	Separa-se de Maury Gurgel Valente e regressa definitivamente ao Brasil.
1960	Publica o livro de contos *Laços de família*.
1961	Publica o romance *A maçã no escuro*.
1962	Recebe o prêmio Carmem Dolores, em São Paulo, pelo romance *A maçã no escuro*.
1964	Publica o romance *A paixão segundo G.H.* e o livro de contos *A legião estrangeira*.
1967	Incêndio no seu apartamento. Recebe o prêmio Calunga pelo seu livro infantil *O mistério do coelho pensante*.
1969	Publica o romance *Uma aprendizagem ou o livro dos prazeres*. Recebe o prêmio Golfinho de Ouro.
1971	Publica o livro de contos *Felicidade clandestina*.
1973	Publica o livro *Água viva*.
1974	Publica o livro *A Via-Crúcis do corpo* e o livro de contos *Onde estivestes de noite*.
1976	Participa do Congresso de Bruxaria em Bogotá, na Colômbia. Recebe o prêmio pelo conjunto da obra, oferecido pela Fundação Cultural do Distrito Federal.
1977	Publica seu último romance: *A hora da estrela*. Morre em decorrência de um câncer no Rio de Janeiro.

Notas

1 GOTLIB, Nádia Battella. *Clarice: uma vida que se conta*. São Paulo: Edusp, 2009, p. 79.

2 LISPECTOR, Clarice. *A hora da estrela*. Rio de Janeiro: Rocco, 2006, p. 9.

3 Ibid., p. 9.

4 GOTLIB, op. *cit.*, p. 49.

5 GOTLIB, Nádia Battella. *Clarice. Fotobiografia*. São Paulo: Edusp; Imprensa Oficial do Estado de São Paulo, 2008, p. 64.

6 LISPECTOR, Clarice, *Laços de família: contos*. Rio de Janeiro: Rocco, 1998, p. 23.

7 Ibid., p. 25.

8 Ibid., p. 25.

9 Numa carta datada em 5 jan. 1942, ano anterior ao seu matrimônio, Maury escreve: "Somente uma coisa me faria bem agora. Seria adormecer com a cabeça no seu colo, você me dizendo bobagenzinhas gostosas para eu esquecer a ruindade do mundo". In: LISPECTOR, Clarice. *Correspondências*, Rio de Janeiro, Rocco, 2002, p. 19.

10 LISPECTOR, Clarice, *A bela e a fera*. Rio de Janeiro: Rocco, 1999, p. 26.

11 Ibid., p. 18.

12 GOTLIB, 2008, p. 220.

13 LISPECTOR, Clarice, *A maçã no escuro*. Rio de Janeiro: Paz e Terra, 1978, p. 257.

14 BORELLI, Olga, "A difícil definição" In: NUNES, Benedito (coord.) *Clarice Lispector. A paixão segundo G.H.* São Paulo: ALLCA XX; Edusp, 1996, p. XXI.

15 LISPECTOR, Clarice. *A paixão segundo G.H.* Rio de Janeiro, Rocco, 1998, p. 48.

16 Ibid., p. 53

17 Ibid., p. 56

18 NUNES, Aparecida Maria (org.). Clarice Lispector. *Só para mulheres: conselhos, receitas e segredos.* Rio de Janeiro: Rocco, 2008.

19 Ibid., p. 95.

20 Ibid., p. 110.

21 GOTLIB, 2009, p. 459.

22 BORELLI, op. cit, p. XX-XXI.

23 GOTLIB, 2009, p. 535.

24 LISPECTOR, Clarice. *Felicidade clandestina: contos.* Rio de Janeiro: Nova Fronteira, 1987, p. 52-53.

25 LERNER, Júlio. Panorama com Clarice Lispector. TV Cultura. 1977. Disponível em: <https://www.youtube.com/watch?v=o-hHP1l2EVnU>. Acesso em 9 ago. 2023.

26 LISPECTOR, Clarice. *A hora da estrela.* Rio de Janeiro: Rocco, 2006, p. 99.

27 LISPECTOR, Clarice. *Entrevistas.* Rio de Janeiro: Rocco, 2007, p. 44.

28 FREIXAS, Laura. *Clarice Lispector, Vidas Literarias.* Barcelona: Omega, 2001, p. 98.

29 GOTLIB, 2009, p. 604

30 SALGUEIRO, João; ROMANO DE SANT'ANNA, Afonso; COLASANTI, Marina, "Entrevista de Clarice Lispector". In: NUNES, Benedito (org.) *Clarice Lispector. A paixão segundo G.H.* Rio de Janeiro: ALLCA XX, 1996, p. 305.

Referências bibliográficas

BORELLI, Olga, "A difícil definição". In: NUNES, Benedito (coord.). Lispector, Clarice. *A paixão segundo G.H.* Rio de Janeiro: ALLCA XX; Edusp, 1996, pp. XX-XXIV.

CHEVALIER, Jean; GHEERBRANT, Alain. *Diccionario de símbolos.* Barcelona: Herder, 2003.

DE SÁ, Olga. *A escritura de Clarice Lispector.* Petrópolis: Vozes, 1993.

FREIXAS, Laura. *Clarice Lispector: Vidas Literarias.* Barcelona: Omega, 2001.

GOTLIB, Nádia Battella. *Clarice: uma vida que se conta.* 6. ed. rev. e aum. São Paulo: Edusp, 2009.

_____. *Clarice. Fotobiografia.* São Paulo: Edusp; Imprensa Oficial do Estado de São Paulo, 2008.

GUIDIN, Márcia Lígia. *Roteiro de leitura: A hora da estrela de Clarice Lispector.* São Paulo: Ática, 1996.

KADOTA, Neiva Pitta. *A tessitura dissimulada. O social em Clarice Lispector.* São Paulo: Estação Liberdade, 1997.

LERNER, Júlio. Panorama com Clarice Lispector. TV Cultura. 1977. Disponível em: <https://www.youtube.com/watch?v=ohHP1l2EVnU>. Acesso em 9 ago. 2023.

LISPECTOR, Clarice. *A bela e a fera.* Rio de Janeiro: Rocco, 1999.

_____. *A hora da estrela.* Rio de Janeiro: Rocco, 2006.

_____. *A maçã no escuro.* Rio de Janeiro: Paz e Terra, 1978.

_____. *A paixão segundo G.H.* Rio de Janeiro, Rocco, 1998.

_____. *Correspondências*. Rio de Janeiro: Rocco, 2002.

_____. *De corpo inteiro*. Rio de Janeiro: Rocco, 1999.

_____. *Felicidade clandestina: contos*. Rio de Janeiro: Nova Fronteira, 1987.

_____. *Laços de família: contos*. Rio de Janeiro: Rocco, 1998.

_____. *Onde estivestes de noite*. Rio de Janeiro: Rocco, 1999.

_____. *Perto do coração selvagem*. Rio de Janeiro: Francisco Alves, 1995.

_____. *Revelación de un mundo*. Buenos Aires: Adriana Hidalgo, 2005.

_____. *Só para mulheres: conselhos, receitas e segredos*. NUNES, Aparecida Maria (org.). Rio de Janeiro: Rocco, 2008.

_____. *Todos os contos*. Rio de Janeiro: Rocco, 2016.

_____. *Uma aprendizagem ou O livro dos prazeres*. 4. ed. Rio de Janeiro: José Olympio, 1978.

LYRA, Pedro (org.). N.120 *Clarice Lispector*. Nossos Clássicos. Rio de Janeiro: Agir. 1994.

MIRANDA, Ana. *Clarice Lispector*. Rio de Janeiro: Relume Dumará, 1996.

NUNES, Benedito (coord.). Lispector, Clarice. *A paixão segundo G.H.* Rio de Janeiro: ALLCA XX; Edusp, 1996.

SALGUEIRO, João; ROMANO DE SANT'ANNA, Afonso; COLASANTI, Marina, "Entrevista de Clarice Lispector". In: NUNES, Benedito (org.). *Clarice Lispector. A paixão segundo G.H.* Rio de Janeiro: ALLCA XX, 1996, p. 300-308

WOODWARD, Miguel Cossío (org.). *Cuentos reunidos*: Clarice Lispector. México, DF: Alfaguara, 2001.

168

AGRADECIMENTOS

A minhas mestras Gloria Vergara, Gloria Prado, Silvia Ruiz e Julieta Chufani, pelos seus ensinamentos. A Miguel Cossío Woodward por ter sido meu guia na caminhada de meu trabalho de conclusão de curso sobre *A hora da estrela*. A Nádia Battella Gotlib, com grande admiração.

A Fernanda, Amalia e Nuria, pelo seu grande entusiasmo. Vocês foram a melhor companhia nesta jornada.

A José, com amor.

Daniela Tarazona

Agradeço às mulheres que confiaram e me convidaram a semear com elas esse enigmático jardim, que a colheita seja infinita. A Gad, por iluminar cada um dos meus misteriosos dias. À minha família por abraçar sempre cada um dos meus universos e a você, leitor, por caminhar nesse livro, espero que Lispector lhe visite em sonhos, como aconteceu conosco.

À voz de Clarice.

Nuria Meléndez

Daniela Tarazona nasceu em 1975 na Cidade do México e é autora do livro *El animal sobre la piedra*, publicado em 2008 no México e em 2011 na Argentina. Em 2012, publicou seu segundo romance, *El beso de la liebre*, que, no ano seguinte, foi finalista do prêmio Las Américas. Em 2009, publicou o ensaio *Clarice Lispector* na coleção Para Entender da Nostra Ediciones. Seu romance mais recente é *Isla partida*, publicado em 2021. Seus textos foram traduzidos para o inglês, o francês, o tcheco e, agora, o português. Tarazona recebeu uma bolsa do programa Jóvenes Creadores e participou do Sistema Nacional de Creadores do Fondo Nacional para la Cultura y las Artes. Em 2022, foi autora residente na Casa Estudio Cien Años de Soledad e agraciada com o prêmio Sor Juana Inés de la Cruz por *Isla partida*. Em 2011, foi reconhecida como um dos 25 segredos literários da América Latina pela Feria Internacional del Libro de Guadalajara.

Nuria Meléndez é ilustradora e designer gráfica. Atuando como diretora de arte e ilustradora na esfera cultural, ela se dedica a projetos que estimulam a imaginação e promovem diferentes perspectivas de mundo. É conhecida por suas colaborações com renomadas editoras e instituições, como Penguin Random House, El Colegio Nacional, Grupo Planeta e Museo de la Ciudad de México.

Uma homenagem a ***Clarice*** *e a todos os seus leitores e leitoras*

DARKLOVE.